BEI GRIN MACHT SICH IHR WISSEN BEZAHLT

- Wir veröffentlichen Ihre Hausarbeit, Bachelor- und Masterarbeit

- Ihr eigenes eBook und Buch - weltweit in allen wichtigen Shops

- Verdienen Sie an jedem Verkauf

Jetzt bei www.GRIN.com hochladen und kostenlos publizieren

Bibliografische Information der Deutschen Nationalbibliothek:

Die Deutsche Bibliothek verzeichnet diese Publikation in der Deutschen Nationalbibliografie; detaillierte bibliografische Daten sind im Internet über http://dnb.d-nb.de/ abrufbar.

Dieses Werk sowie alle darin enthaltenen einzelnen Beiträge und Abbildungen sind urheberrechtlich geschützt. Jede Verwertung, die nicht ausdrücklich vom Urheberrechtsschutz zugelassen ist, bedarf der vorherigen Zustimmung des Verlages. Das gilt insbesondere für Vervielfältigungen, Bearbeitungen, Übersetzungen, Mikroverfilmungen, Auswertungen durch Datenbanken und für die Einspeicherung und Verarbeitung in elektronische Systeme. Alle Rechte, auch die des auszugsweisen Nachdrucks, der fotomechanischen Wiedergabe (einschließlich Mikrokopie) sowie der Auswertung durch Datenbanken oder ähnliche Einrichtungen, vorbehalten.

Impressum:

Copyright © 2012 GRIN Verlag, Open Publishing GmbH
Druck und Bindung: Books on Demand GmbH, Norderstedt Germany
ISBN: 9783668183827

Dieses Buch bei GRIN:

http://www.grin.com/de/e-book/319193/erp-projekte-im-zeitalter-von-cloud-computing-technische-grundlagen-vor

Marcel Trebeck

ERP-Projekte im Zeitalter von Cloud Computing. Technische Grundlagen, Vor- und Nachteile und Probleme bei der Umsetzung

GRIN Verlag

GRIN - Your knowledge has value

Der GRIN Verlag publiziert seit 1998 wissenschaftliche Arbeiten von Studenten, Hochschullehrern und anderen Akademikern als eBook und gedrucktes Buch. Die Verlagswebsite www.grin.com ist die ideale Plattform zur Veröffentlichung von Hausarbeiten, Abschlussarbeiten, wissenschaftlichen Aufsätzen, Dissertationen und Fachbüchern.

Besuchen Sie uns im Internet:

http://www.grin.com/

http://www.facebook.com/grincom

http://www.twitter.com/grin_com

AKAD Hochschule Leipzig

Wirtschaftsinformatik

Assignment

ERP-Projekte im Zeitalter von Cloud Computing

zum Seminar ANS02

am 05.05.2012 in Leipzig

von

Marcel Trebeck

Inhaltsverzeichnis

1. Einleitung 4

1.1 Zielsetzung 4

1.2 Abgrenzung 4

2. Theoretische Grundlagen 5

2.1 ERP 5

2.2 Cloud Computing 5

2.2.1 Servicemodelle von Cloud Computing 6

2.2.2 Liefermodelle von Cloud Computing 7

3. ERP-Projekte in der Cloud 8

3.1 Vorteile 8

3.2 Nachteile 9

3.3 Kostenvergleich 10

3.4 Probleme 10

3.5 Kauf, Miete oder Cloud 11

4. Anbieter für ERP-System in der Cloud 11

4.1 Umfrage 12

5. Fazit und Zukunft von ERP-Projekten in der Cloud 13

Abbildungsverzeichnis 14

Tabellenverzeichnis 14

Literaturverzeichnis 14

1. Einleitung

Selten zuvor hat ein Thema in der IT-Branche für so viel Furore und Erwartungen gesorgt wie Cloud Computing. In den nächsten Jahren prognostiziert das Analystenhaus Forrester, dass der weltweite Markt für Cloud Computing bis 2020 auf 241 Milliarden Dollar anwachsen wird. Welche Auswirkung hat diese Entwicklung auf die anstehenden ERP-Projekte? Durch Globalisierung und die immer stärkere Vernetzung von Menschen steigt die Erwartung an die Unternehmenssoftware. Schnelle Reaktionsfähigkeit und effizientes Teilen von Wissen und Informationen werden zu entscheidenden Wettbewerbskriterien[1]. Viele Unternehmen nehmen diese Thematik bei Ihrer Planung für ein ERP-Systems mit auf, um die Vorteile die Cloud Computing bietet zu nutzen. Doch eignet sich das Konzept für den Einsatz von ERP-Systemen? Was passiert dabei z. B. mit dem Best-of-Breed Ansatz [2] ? Desweitern stehen Unternehmen zukünftig vor der Herausforderung, ihre ERPs in immer kürzeren Abständen anpassen zu müssen.

1.1 Zielsetzung

Im Folgenden sollen die Möglichkeiten von ERP-Projekten als Software as a Service beschrieben werden. Welche Vorteile bietet es, ERP-Systeme in der Cloud zu betreiben bzw. eignet sich das Konzept für Jedermann? Im Zuge dieser Arbeit werden die technischen Grundlagen, die Vor- und Nachteile und die eventuell auftretenden Probleme, die bei Umsetzung entstehen können, näher untersucht.

1.2 Abgrenzung

Schwerpunkt dieses Assignments ist es, die neuen Technologien, welche Cloud Computing im Bereich ERP-Projekt bietet, den bisher eingesetzten On-Premise-Lösungen gegenüberzustellen. Dabei geht es hauptsächlich um wirtschaftliche Aspekte des Ansatzes, ERP-Systeme in der „Wolke" zu betreiben. Es wurde sich bewusst auf den Bereich ERP as a Service konzentriert.
Da das Thema eine sehr breite Bandbreite aufweist, würde es den Rahmen dieser Arbeit überschreiten, wenn man auf jede Technologie oder Methode bis ins Detail

---

[1] vgl. http://www.hamburg-magazin.de/service/wirtschaft/artikel/detail/integrierte-erp-systeme-in-der-cloud.html
[2] Strategie für verschiedene Unternehmensabteilungen die bestmögliche Anwendungen einzusetzen

eingeht. Daher werden gewisse Grundkenntnisse im Bereich Cloud Computing, ERP und Betriebswirtschaftslehre vorausgesetzt.

2. Theoretische Grundlagen

Bevor das Thema „ERP-Projekte im Zeitalter von Cloud Computing" genauer betrachtet wird, sollen zunächst die Begriffe ERP und Cloud Computing vorgestellt und erklärt werden.

2.1 ERP

ERP steht für Enterprise Resource Planing. Es handelt sich dabei um eine betriebswirtschaftliche Softwarelösung, die in jedem Betrieb oder Unternehmen eingesetzt werden kann. ERP-Systeme stehen für die Systemintegration der gesamten finanz- und warenwirtschaftlich orientierten Wertschöpfungskette[3]. Es umfasst in der Regel alle Teilprozesse wie Materialwirtschaft, Produktion, Finanz- und Rechnungswesen, Controlling, Verkauf und Marketing, Personalwirtschaft und Stammdatenverwaltung. Die Funktionen eines ERP-Systems liefern auf Basis der erfassten und verarbeiteten Daten aktuelle Informationen. Damit ist eine unternehmensweite Planung, Steuerung und Kontrolle möglich[4]. Die Bedeutung eines vollständig integrierten ERP-Systems kann für das Unternehmen nicht hoch genug eingeschätzt werden, somit bildet das ERP-System das Rückgrat eines Unternehmens.

2.2 Cloud Computing

Um für alle künftigen Arbeiten rund um Cloud Computing eine einheitliche Grundlage zu haben, hat das Bundesamt für Sicherheit in der Informationstechnik (BSI) folgende Definition für den Begriff Cloud Computing festgelegt:
Cloud Computing bezeichnet das dynamisch an den Bedarf angepasste Anbieten, Nutzen und Abrechnen von IT-Dienstleistungen über ein Netz. Angebot und Nutzung dieser Dienstleistungen erfolgen dabei ausschließlich über definierte technische Schnittstellen und Protokolle. Die Spannbreite der im Rahmen von Cloud

---
[3] vgl. http://www.rechnungswesen-portal.de/Fachinfo/Software/Begriff-Definition-von-ERP-Software.html
[4] vgl. Görtz, M., Hesseler, M.: Basiswissen ERP-Systeme, W3L 2007, S. 6

Computing angebotenen Dienstleistungen umfasst das komplette Spektrum der Informationstechnik und beinhaltet unter anderem Infrastruktur (z. B. Rechenleistung, Speicherplatz), Plattformen und Software.

Übersetzt man den Begriff ins deutsche, bezeichnet Cloud Computing eine Rechnerwolke, wo den Nutzern Dienste zur Verfügung gestellt werden. Es werden immer nur die benötigten Ressourcen zur Verfügung gestellt und nur diese werden abgerechnet. Es ist also jederzeit flexibel an die jeweiligen Bedürfnisse anpassbar. Autorisierte Cloud Anbieter verfügen in der Regel über hochgesicherte Rechenzentren, die den höchsten Sicherheitsstandards genügen und redundant an verschiedenen Standorten vorgehalten werden.

2.2.1 Servicemodelle

Laut der im Jahr 2009 veröffentlichten Definition des National Institute for Standards and Technology (NIST), unterscheidet man bei Cloud Computing drei verschiedene Service Modelle:

1. Infrastructure as a Service (IaaS): Der Anbieter stellt Rechenleistung, Massenspeicher, Netzwerkinfrastruktur und weitere IT-Ressourcen. Der Nutzer erhält dadurch sein eigenes virtuelles Computer-Cluster, wo er sein eigenes Betriebssystem und Software installieren kann. Er ist für den Betrieb und Funktionen der Software selbst verantwortlich.
2. Plattform as a Service (PaaS): Der Nutzer lässt seine eigene Anwendung eventuell mit Programmierungs- und Laufzeitumgebungen auf der flexiblen, dynamisch und anpassbaren Infrastruktur des Anbieters laufen. Der Anbieter ist für den Betrieb der darunterliegenden Ressourcen wie Betriebssystem und Hardware verantwortlich. Dort hat der Nutzer keinen administrativen Zugriff.
3. Software as a Service (SaaS): Bei SaaS stellt der Provider dem Nutzer Anwendungen in der Cloud zur Verfügung. Der Nutzer hat gegebenenfalls die Möglichkeit, die Software geringfügig an seine Bedürfnisse anzupassen (Customizing) und durch nachträgliche Erweiterung des Lösungsumfangs (Scoping) ihren sich ändernden Anforderungen anzupassen[5]. Auf weitere

---

[5] vgl. Galileo Press SAP Business ByDesign: Anpassung und Integration, S. 221

Teile wie Betriebssystem, Treiber, Hardware usw. hat der Nutzer keinen Zugriff.

2.2.2 Liefermodelle

Weiter gliedert sich die Definition von NIST Cloud Computing in vier Liefermodelle.

1. Public Cloud: Eine Public Cloud nennt man ein Rechenzentrum, das der Öffentlichkeit Cloud-Services über das Internet zur Nutzung zur Verfügung stellt[6]. Nutzer haben die Möglichkeit, IT-Infrastruktur beim Public Cloud Anbieter zu mieten und diese nach dem tatsächlichen Nutzungsgrad abzurechnen. Dabei muss der Nutzer keine Investitionen in seine IT-Umgebung tätigen.
2. Private Cloud: Eine Private Cloud wird dediziert für eine bestimmtes Unternehmen betrieben, ist also fest einen Unternehmen zugeordnet und nur von diesen Mitarbeitern zugänglich. Private Clouds entstehen meist durch Einsatz von Cloud Technologien in existierenden unternehmenseigenen Rechenzentren[7].
3. Hybrid Cloud: das ist eine Kombination von zwei verschiedenen Clouds, die aber weithin zwei getrennte Einheiten bilden. Dabei lassen sich die Vorzüge der einzelnen Clouds miteinander kombinieren.
4. Community Cloud: Auf eine Community Cloud haben nur festgelegte Gruppen Zugriff, die gemeinsame Interessen besitzen wie z .B. gemeinsame Projekte.

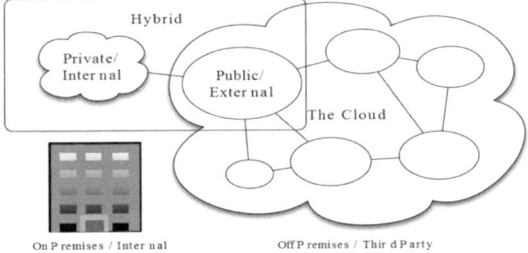

Abbildung 1: Liefermodelle[8]

---

[6] vgl. SaaS Magazin o.S.
[7] vgl. http://wirtschaftslexikon.gabler.de/Definition/cloud-computing.html
[8] vgl.

3. ERP-Projekte in der Cloud

Durch die modernen Möglichkeiten, die Cloud Computing bietet, besteht natürlich auch die Chance, seine betriebswirtschaftliche Softwarelösung durch Software as a Service zu betreiben. Bei einigen Unternehmen ist die ERP-Lösung schon seit über 10 Jahren im Einsatz. Sie müssen sich daher Gedanken über die Zukunft Ihres ERP-Systems machen, weil diese Altsysteme zwangsläufig den neuen Anforderungen des modernen Marktes kaum noch gewachsen sind, was längerfristig zu einem großen Wettbewerbsnachteil führen kann. Bei diesen Überlegungen wird das Modell ERP as a Service eine immer größere Rolle spielen. Dies ist geschuldet den geringeren Anschaffungskosten - also das neue ERP-System muss nicht mehr gekauft werden, sondern es wird eine integrierte Gesamtlösung über das Internet gemietet und flexibel je nach Nutzung abgerechnet. Viele Unternehmen sehen darin in der Zwischenzeit eine erfolgsversprechende Alternative zu traditionellen Systemen. Welche weiteren Vor- und Nachteile ERP-Cloud bringt, wird im nächsten Abschnitt erläutert.

3.1 Vorteile

Bei den bisher herkömmlichen On-Premise-Lösungen musste das Unternehmen bei der Einführung eines neuen ERP-Systems immense Investitionen in seiner Hardware-Landschaft aufbringen. Nach dem Cloud-Modell wird die ERP-Software durch einen Anbieter für eine Vielzahl von Anwendern auf Mietbasis bereitgestellt. Dazu wird die Software samt allen Anwendungsdaten in einem professionellen Rechenzentrum gehostet[9]. Dadurch ist es nicht mehr notwendig, einen eigenen Server für das ERP-System zu betreiben. Man ist hardwareunabhängig, in der Regel ist ein aktueller Webbrowser ausreichend, um die Anwendung aufzurufen. Eine lokale Softwareinstallation ist dadurch nicht mehr notwendig. Es ist völlig irrelevant, mit welchem Gerät (PC, Notebook, Tablet-PC oder Smartphone) bzw. mit welchem Betriebssystem man das ERP-System startet. Es ist für dezentrale Unternehmensstrukturen geeignet wie verschiedene Standorte, Home- Office und mobiler Außendienst. Solange man eine Internetverbindung zur Verfügung hat, kann man auf die Anwendung zugreifen. Nicht wie bei klassischen Lizenzmodellen, wo man das Nutzungsrecht dauerhaft erwirbt, geht es bei ERP aus der Cloud für

---

[9] (dt. „Gastgeber sein") bezeichnet die Unterbringung von Internetprojekten auf Servern

eine gewisse Zeit an das Unternehmen über. Man bezeichnet daher Cloud-Software auch als „Mietsoftware". In den meisten Fällen wird nach genutzten Arbeitsplätzen und tatsächlichem Verbrauch abgerechnet. Dies bietet Unternehmen die Chance, ihre ERP-Kosten zuverlässig zu kalkulieren und erhöht gerade in wirtschaftlich schwierigen Zeiten den Handlungsspielrau[10]. Neben der schnellen Implementierung, vor allem bei StartUps und kleineren Unternehmen, hat man bei ERP-as-a-Service stets die aktuelle Software- und Datenbank Version vorliegen. Da der Anbieter den Pflege- und Updateservice in vollem Umfang übernimmt, kann sich das Unternehmen auf sein Kerngeschäft konzentrieren ohne große Zeitaufwände für die Instandhaltung von Software und Hardware aufzuwenden. Dies ist besonders für Betriebe ohne eigene IT-Abteilung von Vorteil.

3.2 Nachteile

Ungeachtet der Vorteile und der neuen Möglichkeiten, die ERP-Systeme in der Cloud bieten, gibt es auch einige Nachteile. Vor allem haben deutsche Unternehmen Bedenken hinsichtlich der Daten- und Transaktionssicherheit, da die sensiblen Unternehmensdaten nun bei den Providern auf externen Servern liegen. Durch die Herausgabe der Daten entsteht eine hohe Abhängigkeit dem Anbieter gegenüber. Des Weiteren benötigt man eine gut ausgebaute und stabile Internetverbindung, da man bei einem Abbruch der Verbindung keinen Zugriff mehr auf sein System hat oder bei einer langsamen Internetverbindung eine stockende Datenübertragung hat, die von vielen Nutzern als Ärgernis hingenommen wird. Zu großen Schwierigkeiten kann es auch bei der Integration und Implementierung in die bestehende Applikationslandschaft sowie auch in den vorhandenen Maschinenpark kommen. Dort ist zu klären, wie Maschinendaten sicher und vollständig transferiert werden können und welche Schnittstellen dafür eingerichtet werden müssen. Eine Öffnung von bidirektionalen Datenschnittstellen ist mit einem erhöhten Sicherheitsrisiko verbunden. Cloud-ERPs können zwar durch Customizing[11] und Scoping[12] im geringen Umfang angepasst werden, sind aber inflexibler bzgl. kundenspezifischer Anwendungsbedürfnisse. Geht dabei der Best-of-Breed-Ansatz verloren? Die Diskussion um Best-of-Breed wird dadurch neu entfacht, denn wenn mehrere abhängige Cloud Anwendungen miteinander

---

[10] vgl. http://www.blechnet.com/themen/management/articles/346002/
[11] Anpassung eines Serienprodukts an die Bedürfnisse eines Kunden
[12] nachträgliche Erweiterung des Lösungsumfangs

verbunden werden, müssen sich die Cloud Anbieter neuen Herausforderungen stellen[13].

3.3 Kostenvergleich

Im Folgenden stellt die Tabelle 1 einen Kostenvergleich zwischen On-Premise und cloudbasierten ERP-Lösungen gegenüber. Damit erhält man einen ganzheitlichen Überblick über die jeweils anfallenden Kosten.

	On-Premise ERP	ERP in der Cloud
Lizenzkosten (einmalig)	variabel	keine
Upgrade-Kosten	variabel	keine
Mietkosten	keine	nach Benutzern, Volumen oder Firmengröße
Wartungskosten	15-25% der Lizenzkosten pro Jahr	in Miete enthalten
IT-Infrastrukturkosten	Hoch	Minimal
Hardwarekosten	Hoch	Minimal (Browser)
IT-Personalkosten	Hoch	Minimal

Tabelle 1 Kostenvergleich

3.4 Probleme

Unternehmen, die cloudbasierte ERP-Projekte planen oder schon im Einsatz haben, müssen sich Gedanken über Ausfallkonzepte machen. Was ist, wenn die Internetverbindung ausfällt? Der Cloud-Anbieter insolvent geht? Für solche und ähnliche Szenarien sollten die Unternehmen gewappnet sein. Eine Lösung könnten Versicherungen und Backups in eigenen Unternehmen sein. Bei der Auswahl des Cloud-Anbieters muss geklärt werden, wo sich der Firmensitz sowie die Server- und Datenstandorte befinden, da es unterschiedliche Gesetzgebungen sowie differenzierten Umgang mit dem Datenschutz in Bezug auf personenbezogene und buchhalterische Daten gibt. Vertraglich sollte der administrative Zugriff auf die eigenen Daten wie auch die Hochverfügbarkeit des Anbieters geregelt sein.

---

[13] vgl. Cloud-ERP – Das Ende von Best of Breed?

3.5 Kauf, Miete oder Cloud

Welches das richtige Beschaffungsmodell ist, lässt sich nicht pauschal festlegen. Zum Einen ist die betriebswirtschaftliche Seite zu betrachten. Miete oder Cloud beeinflussen die Betriebsausgaben. Beim Kauf kann das Unternehmen noch Abschreibungen geltend machen. Neben der betriebswirtschaftlichen ist zum Anderen noch die unternehmens- und branchenspezifische Seite zu beachten, welche Gegebenheit und Rahmenbedingungen müssen für das Unternehmen erfüllt sein.

Die Unterschiede zum klassischen IT-Outsourcing, wo die komplette Infrastruktur einzig von einen Kunden gemietet und genutzt wird (Single Tenant Architektur) und die Verträge meistens über längere Zeiträume abgeschlossen werden, sind:

- aus wirtschaftlicher Sicht teilen sich mehrere Nutzer eine gemeinsame Infrastruktur in der Cloud
- Cloud Services sind dynamisch und dadurch nach oben und unten skalierbar, so können Cloud Angebote an den tatsächlichen Bedarf des Kunden angepasst werden
- Steuerung der Cloud-Dienste erfolgt in der Regel über eine Webschnittstelle durch den Nutzer selbst, so kann er Anpassungen an seine Bedürfnisse selbst vornehmen
- IT-Leistungen können dynamisch über mehrere Standorte verteilt werden
- Administration der genutzten Dienste und Ressourcen erfolgt mittels Web-Oberfläche oder passenden Schnittstellen, dabei sind aber weniger Interaktionen mit dem Anbieter notwendig[14]

4. Anbieter für ERP-Systeme in der Cloud

Immer mehr namhafte Software-Anbieter entwickeln umfangreiche ERP-Lösungen für das Cloud-Umfeld. Sie prophezeien diesem Konzept[15] eine große Zukunft und streben nach vielen Vertragsabschlüssen. Man kann jetzt schon von einem tragfähigen Geschäftsmodell sprechen[16]. Die nachfolgende Tabelle zeigt einige Anbieter, die ERP-Lösungen für die Cloud anbieten.

---

[14] vgl. https://www.bsi.bund.de/DE/Themen/CloudComputing/Grundlagen/Grundlagen_node.html
[15] vgl. Software-as-a-Service (SaaS) – Die schlanke Zukunft des EPR?
[16] vgl. http://www.searchcloudcomputing.de/applikationen/erp/articles/354691

Anbieter	ERP-System
SAP	Business by Design
Microsoft	Dynamics ERP
Plex	Cloud ERP
Sage	Office Line 365
Myfactory	Myfactory.ERP
Comarch	Semiramis
Oracle	Fusion Apps

Tabelle 2: Anbieter Cloud ERP-Lösungen

4.1 Umfrage

Einer aktuellen Umfrage der Trovarit AG aus Aachen zufolge, die sich als Marktanalyst und anbieterneutraler Ansprechpartner rund um den Einsatz von Business Software in Unternehmen versteht, kommt bei der Verbreitung von Saas bei ERP-Systemen zu folgende Ergebnissen:

- 30-40 % der Dienstleister sehen SaaS als geeigneten Ansatz für das komplette ERP-Spektrum
- Einsatzbereiche mit hoch formalisierten oder einfacheren Abläufen eignen sich nach Einschätzung der Teilnehmer besonders für die Anwendung des SaaS-Konzeptes
- Administrative Einsatzbereiche eignen sich demnach eher für SaaS als dispositive/logistische Ergebnisse – Verbreitung von SaaS bei Business Software Anwendungsfelder (Ausnahme: Projektmanagement)
- Kleinere Unternehmen sehen SaaS in einem deutlich breiteren Anwendungsspektrum als mittlere und größere Unternehmen

- Die Verbreitung von ERP-as-a-Service liegt bei ca. 1,0 % der befragten Unternehmen
- Dienstleister stehen dem SaaS-Ansatz deutlich aufgeschlossener gegenüber als Handel & Industrie
- Konkrete Planungen zur Einführung von ERP as a Service geben fast ausschließlich Dienstleister zu Protokoll (8 %-10 % der teilnehmenden Dienstleister)
- Den Angaben der Teilnehmer zufolge liegt die Verbreitung von ERP as a Service auf mittlere Sicht bei ca. 10 % der Unternehmen

5. Fazit und Zukunft von ERP-Projekten in der Cloud

Die Verbreitung von cloudbasierten ERP-Lösungen wird in Zukunft massiv steigen. Die großen Anbieter werden Ihre Produkte und Angebote weiterentwickeln, um in der nächsten Generation die momentan auftretenden Probleme zu lösen. Besonders für neu gegründete und kleine Unternehmen mit dezentralen Strukturen und ausgeprägter Kostensensibilität bietet ERP-as-a-Service eine attraktive Alternative zum klassischen Betriebs- und Lizenzkonzept[17]. Damit steht auch diesen Unternehmen eine umfangreiche ERP-Lösung zur Verfügung, die für sie bisher bei On-Premise Lösungen aus finanzieller Sicht nicht realisierbar war.

Die größte Aufgabe für die Anbieter wird aber sein, die verantwortlichen Mitarbeiter der Unternehmen in Sachen Sicherheit weiter zu sensibilisieren. Erst wenn diesbezüglich eine vollständige Aufklärung erfolgt und Vertrauen hergestellt ist, werden weitere Unternehmen nachziehen.

Jedes Unternehmen muss im Vorfeld die Funktionalitäten, Risiken und Abhängigkeiten für seine Geschäftsprozesse genau prüfen, um danach eine Entscheidung treffen zu können, ob es für sie eine realisierbare Alternative ist.

Bei mittleren und großen Unternehmen wird es vorerst in Richtung Hybrid-Lösung gehen, das Unternehmen nutzt eine ERP-Basislösung in der Cloud, wird aber darüber hinaus intern On-Premise Anwendungen organisieren[18].

Weiter bleibt abzuwarten, ob kleinere Anbieter mit spezialisierten Lösungen sich am Cloud-Markt durchsetzten können.

---

[17] vgl. Trovarit AG ERP as a Service – Zwischen Euphorie und Skepsis
[18] vgl. Cloud-ERP – Das Ende von Best of Breed?, S. 5

Abbildungsverzeichnis

1 Liefermodelle 3

Tabellenverzeichnis

1 Kostenvergleich 3

2 Anbieter Cloud ERP Lösungen 4

Literaturverzeichnis

Prof. Dr. Martin Hesseler, Marcus Görtz: Basiswissen ERP-Systeme, Auswahl, Einführung & Einsatz betriebswirtschaftlicher Standardsoftware, W3l GmbH, 2007.

Christos Konstantinidis, Harald Kienegger, Lukas Flormann, Holger Wittges, Helmut Krcmar: SAP Business ByDesign, Anpassung und Integration, Galileo Press GmbH, 2012.

Dr. Christian E. Riethmüller: Cloud-ERP – Das Ende von Best of Breed?, Wenn sich Wolken aneinander reiben, enstehen Blitz und Donner., Trovarit AG & RiConsult, 2012.

Verzeichnis von Web-Adressen

[1] Wikipedia frei Enzyklopädie http://www.wikipedia.org, Abruf: 22.05.2012

[2] Informationsanbieter aus Wirtschaft und Produktions, http://www.blechnet.com, Abruf: 22.05.2012

[3] Wirtschaftslexikon, http://wirtschaftslexikon.gabler.de, Abruf: 22.05.2012

[4] Online-Zeitung http://www.hamburg-magazin.de, Abruf: 10.05.2012

[5] Portal für Rechnungswesen http://www.rechnungswesen-portal.de, Abruf: 20.05.2012

[6] Informationsanbieter für IT http://www.searchcloudcomputing.de, Abruf: 22.05.2012

[7] Beratungsunternehmen Business Software http://www.trovarit.com/, Abruf: 22.05.2012

[8] Bundesamt für Sicherheit in der Informationstechnik https://www.bsi.bund.de, Abruf: 22.05.2012

BEI GRIN MACHT SICH IHR WISSEN BEZAHLT

- Wir veröffentlichen Ihre Hausarbeit, Bachelor- und Masterarbeit

- Ihr eigenes eBook und Buch - weltweit in allen wichtigen Shops

- Verdienen Sie an jedem Verkauf

Jetzt bei www.GRIN.com hochladen und kostenlos publizieren